LES PETITS PLATS SCANDINAVES

de Peter Thulstrup

À mes trois enfants, Paul, Juliette et Anne-Marie,
pour qu'ils trouvent leur vocation et la réalisent avec passion.

En couverture : recette des harengs marinés.

Conception graphique : francis m
Mise en page : Natacha Marmouget

Connectez-vous sur :
www.lamartiniere.fr

ISBN : 2-8307-0747-8

• LES PETITS DE PETITRENAUD •

LES PETITS PLATS SCANDINAVES

de Peter Thulstrup

Photographies : Alain Gelberger

Stylisme : Catherine Bouillot

Minerva

« Enkelt og smagfuldt ! » : « Ce n'est pas grand-chose, mais c'est délicieux ! »

••••••

Voici une expression danoise qui résume non seulement notre manière de vivre en Scandinavie, mais aussi, et surtout, notre cuisine.

Simplicité des plats qui s'adaptent – grâce aux modes de conservation, qu'il s'agisse du fumage, du salage ou encore des marinades – à notre rude climat, mise en valeur originale des produits par des assaisonnements à base d'épices découvertes lors des voyages de nos ancêtres, association délicate du sucré et du salé... il y a là une subtilité par laquelle il faut se laisser emporter !

••••••

Je vous invite à découvrir ma culture à travers un magnifique voyage gustatif et ce, à partir de recettes faciles et de produits que vous trouverez partout... Fermez les yeux, dégustez... vous êtes en Scandinavie !

Peter Thulstrup
Restaurant La Petite Sirène de Copenhague
47, rue Notre-Dame-de-Lorette
75009 Paris
Tél. : 01 45 26 66 66

Sommaire

FORRETTER (HORS-D'ŒUVRE)

FISK (POISSONS)

KØD (VIANDES)

DESSERTER (DESSERTS)

Betteraves marinées

TEMPS DE PRÉPARATION
1 heure 15 + 1 heure de marinade

INGRÉDIENTS POUR 4 PERSONNES

6 betteraves rouges crues
3 clous de girofle
3 étoiles de badiane (anis étoilé)
1 cuillerée à café de graines de cumin
1 bâtonnet de cannelle
1 botte de persil plat ciselé
1 cuillerée à café de moutarde à l'ancienne
1 cuillerée à soupe de vinaigre de xérès
15 cl d'huile d'olive
Fleur de sel
Sel
Poivre du moulin

Préparez une vinaigrette : faites dissoudre 1 pincée de sel dans le vinaigre. Ajoutez 1 tour de moulin à poivre et la moutarde, puis versez l'huile d'olive en fouettant. Réservez.

Versez 3 litres d'eau dans une casserole. Ajoutez les clous de girofle, la badiane, le cumin et la cannelle, puis portez à ébullition. Plongez-y les betteraves, couvrez et laissez cuire 1 heure à feu moyen. Égouttez-les, laissez-les refroidir et épluchez-les. Coupez-les en bâtonnets de 7 cm de longueur sur 1 cm de largeur environ.

Déposez-les dans un récipient creux, arrosez-les de vinaigrette et parsemez-les de persil. Ajoutez 1 pincée de fleur de sel et 1 tour de moulin à poivre, puis réservez 1 heure au moins à température ambiante avant de servir.

Au Danemark, les betteraves marinées – marinerede rødbedder med persille – sont servies en entrée, mais accompagnent aussi les poissons et les viandes. À déguster avec un petit verre d'akvavit !

Soupe de moules au curry

TEMPS DE PRÉPARATION
30 minutes

INGRÉDIENTS POUR 4 PERSONNES

2,5 litres de moules
1 bulbe de fenouil
1 oignon
1 cuillerée à café de curry en poudre
4 tiges de cerfeuil
50 cl de vin blanc sec
Le jus de 1 citron
50 cl de crème fraîche liquide
Sel
Poivre du moulin

Grattez, lavez et ébarbez les moules. Épluchez le bulbe de fenouil et l'oignon et émincez-les finement.

Dans une cocotte, déposez l'oignon, le fenouil, les moules et le curry, puis versez le vin blanc. Portez à ébullition et laissez cuire à feu vif jusqu'à ce que les moules s'ouvrent. Retirez les moules de la cocotte, égouttez-les et retirez leur coquille.

Incorporez la crème liquide dans la cocotte, ajoutez les moules et portez à ébullition à feu vif.

Ajoutez le jus de citron, 1 pincée de sel et 1 tour de moulin à poivre. Mixez cette soupe, passez-la au chinois et répartissez-la dans des bols. Parsemez de cerfeuil et servez aussitôt.

Au Danemark, cette soupe de moules au curry – muslingesuppe med karry – et les moules en général se dégustent en hiver, lors des grandes occasions.

Harengs aux tomates

Dans une grande casserole, mélangez le concentré de tomate, le vinaigre, le sucre, 2 cuillerées à soupe d'eau et 1 tour de moulin à poivre. Portez à ébullition à feu vif et laissez refroidir.

Ajoutez les filets de harengs et laissez-les mariner 2 heures au réfrigérateur.

Faites cuire les œufs jusqu'à ce qu'ils soient durs. Rafraîchissez-les, écalez-les et coupez-les en deux.

Sortez les harengs de la casserole et déposez-les dans les assiettes de service. Arrosez chaque filet de marinade et décorez-les d'une moitié d'œuf et de feuilles de cressonnette. Rectifiez l'assaisonnement et servez aussitôt.

Au Danemark, on trouve des buffets entiers de harengs préparés de dizaines de façons différentes. Les harengs aux tomates – tomat-sild – restent cependant un grand classique...

TEMPS DE PRÉPARATION
2 heures de marinade + 15 minutes

INGRÉDIENTS POUR 4 PERSONNES

4 filets de harengs marinés (voir recette p. 76)
3 cuillerées à soupe de concentré de tomate
2 œufs
1 botte de cressonnette
3 cuillerées à soupe de vinaigre de xérès
3 cuillerées à soupe de sucre semoule
Poivre du moulin

Soupe de lait aux biscuits de cardamome

TEMPS DE PRÉPARATION
40 minutes

INGRÉDIENTS POUR 4 PERSONNES

2 jaunes d'œufs
1/2 cuillerée à café de cardamome en poudre
1 gousse de vanille
100 g de farine
1 cuillerée à café de levure chimique
Le zeste et le jus de 1 citron
1 litre de lait fermenté (dans les grandes surfaces)
5 cl de lait entier
25 g de beurre ramolli
5 cuillerées à soupe de sucre semoule

Dans un saladier, fouettez les jaunes d'œufs et 3 cuillerées à soupe de sucre jusqu'à ce que le mélange blanchisse. Fendez la gousse de vanille et grattez les graines au-dessus du saladier afin d'y faire tomber les graines. Ajoutez la gousse, le zeste et le jus de citron, puis le lait fermenté. Mélangez et réservez au frais.

Sortez la plaque du four et préchauffez-le à 180 °C (th. 6).

Dans un autre saladier, mélangez la farine, la levure, le beurre, le reste de sucre, la cardamome et le lait entier jusqu'à l'obtention d'une consistance homogène. À partir de cette pâte, formez une vingtaine de boulettes de la taille d'une noix et déposez-les sur la plaque du four recouverte de papier sulfurisé. Laissez-les dorer pendant 10 minutes au four. Coupez-les en deux et enfournez-les à nouveau 10 minutes.

Répartissez la soupe dans des bols et servez-la en présentant les biscuits à part.

Au Danemark, la soupe de lait (servie dans des verres) et les biscuits de cardamome – kærnemælkskoldskål med kammerjunkere – symbolisent l'arrivée de l'été.

Harengs à la noix de muscade

TEMPS DE PRÉPARATION
2 heures de marinade + 5 minutes

INGRÉDIENTS POUR 4 PERSONNES

4 filets de harengs marinés (voir recette p. 76)
2 jaunes d'œufs
1/2 cuillerée à café de noix de muscade râpée
1 botte de persil plat haché
2 cuillerées à soupe de vinaigre de xérès
2 cuillerées à soupe de crème fraîche liquide
2 cuillerées à soupe de sucre roux en poudre
Sel
Poivre du moulin

Dans un saladier, mélangez les jaunes d'œufs, la crème liquide, le vinaigre, la noix de muscade, le sucre, 1 pincée de sel et 1 tour de moulin à poivre. Ajoutez les filets de harengs et laissez-les mariner 2 heures au réfrigérateur.

Retirez les harengs du saladier et répartissez-les dans les assiettes de service. Versez un peu de marinade sur chacun d'eux et décorez de persil. Servez aussitôt.

Le mélange des œufs et de la crème donne à cette recette de harengs à la noix de muscade – marinerede sild i muskat nød – une consistance crémeuse délicieuse. Vous pouvez remplacer la noix de muscade par de la cannelle, de la cardamome en poudre ou des baies de genièvre concassées.

Harengs au curry

Dans une casserole, mélangez le curry, le vinaigre, le sucre et 2 cuillerées à soupe d'eau. Portez à ébullition à feu vif et, hors du feu, ajoutez la crème fraîche. Laissez refroidir et mélangez.
Déposez les filets de harengs dans le plat de service, recouvrez-les de sauce au curry et décorez d'oignon et d'aneth. Servez aussitôt.

Servez les harengs au curry – karry-sild – avec du pain noir. Au Danemark, on sert ces harengs en entrée le soir de Noël.

TEMPS DE PRÉPARATION
10 minutes

INGRÉDIENTS POUR 4 PERSONNES

4 filets de harengs marinés (voir recette p. 76)
1 oignon rouge émincé
2 cuillerées à café de curry en poudre
1 botte d'aneth ciselé
2 cuillerées à soupe de vinaigre de xérès
4 cuillerées à soupe de crème fraîche épaisse
2 cuillerées à soupe de sucre semoule

Salade d'épinards au bleu

Dans un saladier, versez la crème liquide et le jus de citron. Ajoutez le sucre, 1 pincée de sel et 1 tour de moulin à poivre, puis fouettez le tout.

Coupez le fromage en petits dés et incorporez-les dans le saladier. Ajoutez les épinards et les cerneaux de noix. Mélangez délicatement et servez.

Au Danemark, on réalise cette salade d'épinards au bleu – spinatsalat med blå ost – avec du Sct. Clemens, qui est un des fromages les plus consommés du pays et qui accompagne souvent des recettes à base de gibier. Il existe une grande variété de fromages que l'on déguste surtout le matin sur du pain noir.

TEMPS DE PRÉPARATION
10 minutes

INGRÉDIENTS POUR 4 PERSONNES

500 g d'épinards lavés et équeutés
100 g de fromage bleu (type fourme d'Ambert ou roquefort)
50 g de cerneaux de noix
Le jus de 1 citron
20 cl de crème fraîche liquide
1 cuillerée à soupe de sucre semoule
Sel
Poivre du moulin

Soupe de sureau aux pommes

TEMPS DE PRÉPARATION
25 minutes

INGRÉDIENTS POUR 4 PERSONNES

1 kg de baies de sureau noir fraîchement cueillies
3 pommes (type reinette)
1 citron (non traité, si possible)
1 clou de girofle
1 bâtonnet de cannelle
1 cuillerée à soupe de fécule de pomme de terre
125 g de sucre semoule

À l'aide d'une fourchette, faites tomber les baies de sureau dans une casserole et ajoutez 1 litre d'eau. Portez à ébullition et laissez cuire 10 minutes à feu vif. Passez cette soupe au chinois.

Épluchez les pommes, retirez le cœur et les pépins et coupez-les en fines lamelles. Lavez le citron et coupez-le en fines rondelles sans le peler. Déposez le tout dans une cocotte et ajoutez la soupe de sureau, le clou de girofle, la cannelle et le sucre. Portez à ébullition et laissez cuire 5 minutes à feu vif.

Diluez la fécule de pomme de terre dans 1 cuillerée à soupe d'eau et versez-la dans la cocotte en mélangeant.

Répartissez la soupe dans des bols et servez aussitôt.

Vous trouverez des baies de sureau noir dans les bois et les haies en octobre, faites-les identifier au préalable par votre pharmacien. Elles sont une source de vitamines exceptionnelle pour traverser l'hiver. Au Danemark, cette soupe de sureau aux pommes – hyldebærsuppe med æbler – constitue un plat unique.

Soupe d'églantine à l'anis

Fouettez la crème liquide et la crème épaisse jusqu'à l'obtention d'une consistance de chantilly. Ajoutez l'anis en poudre et le vinaigre, mélangez délicatement, puis réservez au réfrigérateur.

Rincez les baies d'églantier, coupez-les en deux et retirez les graines et les poils. Rincez-les à nouveau et déposez-les dans une grande casserole avec le jus de citron, le sucre, la badiane, la pomme lavée, épépinée et coupée en morceaux et 1 litre d'eau. Portez à ébullition et laissez cuire le tout 30 minutes à feu moyen. Mixez et passez au chinois.

Diluez la fécule de pomme de terre dans 1 cuillerée à soupe d'eau et versez-la dans la soupe chaude en mélangeant.

Répartissez la soupe dans des bols et ajoutez sur chacun une quenelle de crème à l'anis. Servez aussitôt.

Vous pouvez ramasser les baies rouges de l'églantier (ou rosier sauvage) en été. Servez cette soupe d'églantine à l'anis – varm hybensuppe med anis – autour d'un bouquet de roses sauvages.

TEMPS DE PRÉPARATION
50 minutes

INGRÉDIENTS
POUR 4 PERSONNES

400 g de baies d'églantier fraîchement cueillies
1 pomme (type reinette)
1/2 cuillerée à café d'anis en poudre
2 étoiles de badiane (anis étoilé)
2 cuillerées à soupe de fécule de pomme de terre
Le jus de 1 citron
1/2 cuillerée à café de vinaigre de xérès
10 cl de crème fraîche liquide
1 cuillerée à soupe de crème fraîche épaisse
100 g de sucre semoule

Soupe de petits pois au champagne

TEMPS DE PRÉPARATION
20 minutes

INGRÉDIENTS POUR 4 PERSONNES

600 g de petits pois frais
10 cl de champagne
1 litre de bouillon de volaille
20 cl de crème fraîche liquide
Sel
Poivre du moulin

Versez le bouillon de volaille dans une grande casserole et ajoutez les petits pois. Portez à ébullition et laissez cuire 10 minutes à feu vif. Salez, poivrez et mixez le tout.

Ajoutez la crème liquide et mélangez délicatement cette soupe.

Répartissez la soupe de petits pois dans des assiettes creuses et servez aussitôt.

À table, devant vos convives, répartissez le champagne dans chacune des assiettes.

Au Danemark, cette soupe de petits pois au champagne – frisk ærte-suppe med champagne – se sert accompagnée de petits bols de crevettes décortiquées ou de moules. La reine Margrette II la sert à ses invités lors des dîners de gala. Le champagne versé dans la soupe provoque une très jolie réaction et apporte une pointe d'acidité délicieuse.

Carrelets façon meunière

TEMPS DE PRÉPARATION
20 minutes

INGRÉDIENTS POUR 4 PERSONNES

4 carrelets de 400 g vidés
1 citron coupé en quatre
2 œufs
10 g de chapelure
150 g de beurre
Sel
Poivre du moulin

Battez les œufs en omelette et déposez-les dans une assiette creuse. Versez la chapelure dans une autre assiette.
Trempez les carrelets des deux côtés dans l'œuf, puis dans la chapelure.
Faites chauffer le beurre dans une poêle et faites-y cuire les carrelets 8 minutes de chaque côté à feu moyen.
Rectifiez l'assaisonnement et servez aussitôt les carrelets arrosés du beurre de cuisson et accompagnés de citron.

Vous pouvez accompagner les carrelets façon meunière – smørstegt rødspætte – de pommes de terre à la crème (voir recette p. 30) ou de concombre aigre-doux (voir recette p. 31). Vous pouvez aussi remplacer le carrelet par un autre poisson plat (sole ou limande), mais ceux qui ont goûté le carrelet au Danemark savent qu'il est irremplaçable !

Fricadelles de poisson

Mixez le cabillaud, l'oignon et 1 pincée de sel jusqu'à l'obtention d'une consistance homogène. Incorporez les œufs un par un et mélangez. Déposez cette préparation dans un saladier, ajoutez la farine, le lait, le curry, 1 pincée de sel et 1 tour de moulin à poivre, puis mélangez bien. Couvrez et laissez reposer 1 heure au réfrigérateur.

Prélevez 1 cuillerée à soupe de préparation du saladier et formez-en une quenelle. Renouvelez l'opération avec le reste de la préparation.

Faites chauffer le beurre et l'huile dans une poêle et faites-y dorer les quenelles 5 minutes de chaque côté à feu vif. Servez aussitôt ces fricadelles parsemées d'aneth, de ciboulette et de persil et accompagnées de citron.

Un grand classique de la cuisine scandinave ! À accompagner de concombre aigre-doux (voir recette p. 31) et de pommes de terre sautées. Les fricadelles – fiskefrikadeller med kogte kartofler – se préparent à base de poisson l'été et de viande l'hiver, et font le bonheur des enfants… et des adultes.

TEMPS DE PRÉPARATION
1 heure de repos + 20 minutes

INGRÉDIENTS POUR 4 PERSONNES

500 g de dos de cabillaud sans peau et sans arêtes
1 citron coupé en deux
3 œufs
1 oignon émincé
1 cuillerée à café de curry en poudre
1/2 botte d'aneth
1/2 botte de ciboulette
1/2 botte de persil plat
2 cuillerées à soupe de farine
20 cl de lait
50 g de beurre
1 cuillerée à soupe d'huile d'arachide
Sel
Poivre du moulin

Saumon mariné au citron vert

TEMPS DE PRÉPARATION
5 minutes + 30 minutes au réfrigérateur

INGRÉDIENTS POUR 4 PERSONNES

800 g de dos de saumon coupé en tranches très fines
1 citron vert
1 botte d'aneth
Le jus de 1 citron vert
10 cl d'huile d'olive
Sel
Poivre du moulin

Préparez une vinaigrette au citron : faites dissoudre 1 pincée de sel dans le jus de citron, ajoutez 1 tour de moulin à poivre, puis versez l'huile d'olive en fouettant.
Répartissez les tranches de saumon dans les assiettes de service et arrosez-les de vinaigrette au citron. Réservez les assiettes 30 minutes au réfrigérateur.
Salez, poivrez et servez les tranches de saumon décorées de brins d'aneth et de quartiers de citron vert.

Vous pouvez décorer les tranches de saumon de blancs d'œufs durs hachés mélangés à des œufs de saumon. Au Danemark, le saumon cru mariné – råmarineret laks – est un très grand classique. Il est conseillé d'utiliser du saumon baltique, nourri de harengs, dont la chair est blanche et savoureuse, mais on peut le remplacer par du saumon de Norvège ou d'Écosse.

Cabillaud à la moutarde

TEMPS DE PRÉPARATION
50 minutes

INGRÉDIENTS POUR 4 PERSONNES

1 pavé de cabillaud de 800 g environ coupé en quatre
800 g de pommes de terre (type grenaille)
1/2 cuillerée à café de poivre en grains
1 botte de persil plat haché
2 feuilles de laurier
3 cuillerées à soupe de moutarde à l'ancienne
Le jus de 1 citron
50 cl de crème fraîche liquide
Gros sel
Sel
Poivre du moulin

Déposez les pommes de terre dans une casserole d'eau froide salée. Portez à ébullition et laissez-les cuire 20 minutes. Pendant ce temps, faites chauffer 30 cl de crème liquide dans une grande casserole. Égouttez les pommes de terre, épluchez-les et ajoutez-les à la crème chaude avec 1 pincée de sel, 1 tour de moulin à poivre et le persil. Portez à ébullition, retirez du feu et réservez au chaud ces pommes de terre à la crème.

Déposez les morceaux de cabillaud dans une cocotte et couvrez-les d'eau. Ajoutez le laurier, le poivre en grains et 2 cuillerées à soupe de gros sel. Portez à ébullition et laissez cuire 8 minutes à feu doux. Égouttez les pavés et réservez-les ainsi que leur eau de cuisson.

Dans une autre casserole, mélangez la moutarde, le jus de citron, le reste de crème liquide et l'eau de cuisson du cabillaud. Portez à ébullition, salez, poivrez et mélangez cette sauce à la moutarde.

Servez les morceaux de cabillaud nappés de sauce à la moutarde en présentant les pommes à la crème à part.

Au Danemark, on sert ce cabillaud à la moutarde – pocheret torsk med sennep – avec un verre d'akvavit, le soir du 31 décembre.

Anguilles au concombre aigre-doux

TEMPS DE PRÉPARATION
1 heure de dessalage + 40 minutes

INGRÉDIENTS POUR 4 PERSONNES

4 anguilles de 200 g chacune sans tête et sans peau
1 concombre
1 citron coupé en quatre
2 œufs
1 cuillerée à café de poivre en grains
1 cuillerée à café de baies de genièvre
1 botte de persil plat
1 feuille de laurier
10 g de chapelure
20 cl de vinaigre de xérès
150 g de beurre
200 g de sucre semoule
Gros sel

Épluchez le concombre et coupez-le en rondelles de 2 mm d'épaisseur environ. Déposez-les dans un plat creux et recouvrez-les de 50 g de gros sel. Réservez pendant 1 heure au réfrigérateur.

Rincez les rondelles de concombre à l'eau froide, égouttez-les et remettez-les dans le plat creux.

Dans une casserole, mélangez le vinaigre, le sucre, le poivre en grains, les baies de genièvre et 20 cl d'eau. Ajoutez le laurier, portez à ébullition et versez aussitôt sur les concombres. Réservez.

Battez les œufs en omelette dans une assiette creuse. Versez la chapelure dans une autre assiette.

Trempez les anguilles des deux côtés dans l'œuf, puis dans la chapelure.

Faites chauffer le beurre dans une grande poêle et faites-y cuire les anguilles 12 minutes de chaque côté à feu moyen. Servez-les aussitôt arrosées du beurre de cuisson et parsemées de persil, en présentant le concombre aigre-doux et le citron à part.

Au Danemark, l'anguille poêlée au concombre aigre-doux – stegte ål med marinerede agurker – est à l'honneur dès que l'automne arrive.

Cabillaud mariné airelles-akvavit

Déposez les tranches de cabillaud dans le plat de service.

Mixez la confiture d'airelles, l'akvavit et l'huile d'olive. Badigeonnez les tranches de cabillaud de ce mélange et laissez-les mariner 3 heures au réfrigérateur.

Salez, poivrez et servez décoré d'aneth et d'airelles fraîches.

Le cabillaud cuit dans l'alcool et ne nécessite aucune cuisson supplémentaire. Servez le cabillaud mariné – råmarineret torsk med tyttebær og snaps – en entrée, ou en plat principal avec des pommes de terre à l'aneth. Si vous ne trouvez pas d'akvavit, vous pouvez réaliser cette recette avec de la vodka de très bonne qualité.

TEMPS DE PRÉPARATION
10 minutes + 3 heures de marinade

INGRÉDIENTS POUR 4 PERSONNES

800 g de dos de cabillaud coupé en tranches très fines
1 cuillerée à soupe d'airelles fraîches
8 cuillerées à soupe de confiture d'airelles
1 botte d'aneth
8 cl d'akvavit (dans les épiceries fines)
15 cl d'huile d'olive
Sel
Poivre du moulin

Saumon mariné à l'aneth

TEMPS DE PRÉPARATION
24 heures de marinade + 15 minutes

INGRÉDIENTS POUR 4 PERSONNES

800 g de dos de saumon coupé en tranches très fines
1/2 cuillerée à café de curry en poudre
2 bottes d'aneth haché
2 cuillerées à soupe de moutarde
Le jus de 1 citron
4 cuillerées à soupe de crème fraîche épaisse
2 cuillerées à soupe de sucre roux en poudre
2 cuillerées à soupe de sucre semoule
Sel
Poivre du moulin

La veille, mélangez le curry, le sucre semoule, la moitié de l'aneth et 1 cuillerée à café de poivre.

Déposez les tranches de saumon dans un plat et badigeonnez-les de ce mélange. Recouvrez de film alimentaire et réservez 24 heures au réfrigérateur en retournant le saumon de temps en temps afin que le mélange pénètre bien dans la chair.

Le jour même, versez le sucre roux et la moutarde dans une casserole, portez à ébullition et laissez refroidir. Ajoutez la crème fraîche, le jus de citron et le reste d'aneth. Salez, poivrez et mélangez cette sauce. Servez les tranches de saumon mariné entourées d'un filet de sauce.

Les marinades imprègnent les aliments de saveurs et attendrissent la chair des viandes et des poissons. Mais, alors que les réfrigérateurs n'existaient pas, leur fonction première était de conserver les aliments. La traduction danoise de saumon mariné – graved laks – le confirme : graved signifie « la tombe ». On « oubliait » en effet le poisson préparé des semaines entières dans sa marinade...

Barbue à la compote d'oignons rouges

Faites chauffer le beurre dans une casserole et faites-y cuire les oignons 10 minutes à feu doux sans qu'ils colorent.

Ajoutez le sucre, les clous de girofle, la cannelle, le vinaigre et 10 cl d'eau. Couvrez et laissez mijoter 30 minutes à feu doux. Retirez le couvercle et laissez cuire encore 10 minutes à feu moyen pour obtenir une compote sirupeuse. Salez, poivrez et réservez au chaud dans un bain-marie.

Dans une grande casserole, mélangez 2 litres d'eau, le lait et le poivre en grains. Portez à ébullition et ajoutez les filets de barbue. Laissez-les cuire 6 minutes à feu doux. Égouttez-les et servez-les aussitôt sur la compote d'oignons rouges, décorés d'aneth et de persil.

Au Danemark, on consomme de la barbue lors des grandes occasions. On peut la remplacer par du turbot. Cette recette de barbue à la compote d'oignons rouges – pocheret helleflynder med rødløgskompot – est simple, pleine de saveurs et très pratique car on peut la préparer au dernier moment.

TEMPS DE PRÉPARATION
1 heure

INGRÉDIENTS POUR 4 PERSONNES

4 filets de barbue de 200 g chacun
4 oignons rouges grossièrement émincés
2 clous de girofle
1/2 bâtonnet de cannelle
2 cuillerées à soupe de poivre en grains
1 botte d'aneth
1 botte de persil plat
20 cl de lait
20 cl de vinaigre de vin rouge
10 g de beurre
2 cuillerées à soupe de sucre roux en poudre
Sel
Poivre du moulin

Harengs cuits marinés

TEMPS DE PRÉPARATION
15 minutes + 6 heures de marinade

INGRÉDIENTS POUR 4 PERSONNES

8 filets de harengs frais
1 cuillerée à café de poivre en grains
1/2 cuillerée à café de baies de genièvre
3 clous de girofle
2 étoiles de badiane (anis étoilé)
2 feuilles de laurier
1 botte de ciboulette ciselée
3 cuillerées à soupe de farine
25 cl de vinaigre de xérès
50 g de beurre
150 g de sucre semoule
Sel
Poivre du moulin

Déposez la farine dans un plat et trempez-y les filets de harengs des deux côtés. Faites chauffer le beurre dans une poêle et faites-y cuire les filets de harengs 4 minutes de chaque côté à feu vif. Déposez les filets dans un plat de service creux et réservez-les.

Dans une casserole, mélangez le vinaigre, le sucre, le poivre en grains, les baies de genièvre, les clous de girofle, la badiane et 25 cl d'eau. Ajoutez le laurier et portez à ébullition. Laissez refroidir et versez sur les harengs. Laissez mariner 6 heures au réfrigérateur. Salez, poivrez, parsemez de ciboulette et servez.

Une recette incontournable au Danemark ! Les harengs marinés – stegte marinede sild – se dégustent à Noël, alors que les harengs sont bien gras. C'est un poisson omniprésent et cuisiné de multiples façons : fumé (dans les fumoirs de l'île de Bornholm), mariné (voir recette p. 76), cuit...

Turbot aux épinards et à la cardamome

Dans une casserole, versez 3 litres d'eau, ajoutez 1 pincée de gros sel, le laurier et les graines de cardamome, puis portez à ébullition. Plongez-y les morceaux de turbot et laissez-les cuire 12 minutes à feu doux. Égouttez-les, puis réservez-les au chaud.

Versez la crème liquide dans une grande casserole. Ajoutez les épinards et la muscade, portez à ébullition et laissez cuire 3 minutes à feu vif. Salez et poivrez.

Disposez les épinards à la crème dans un plat de service et ajoutez les morceaux de barbue. Décorez de brins d'aneth et servez aussitôt.

Le turbot aux épinards et à la cardamome – pocheret pighvar med kardamomme – se consomme en hiver, alors que les épinards sont bien épais, accompagné de pommes de terre à la vapeur. Vous pouvez remplacer le turbot par de la barbue, du lieu jaune ou du lieu noir.

TEMPS DE PRÉPARATION
30 minutes

INGRÉDIENTS POUR 4 PERSONNES

1 turbot de 2 kg environ coupé en quatre
1 kg d'épinards lavés et équeutés
1 cuillerée à café de graines de cardamome concassées
1 cuillerée à café de noix de muscade râpée
1 botte d'aneth
1 feuille de laurier
30 cl de crème fraîche liquide
Gros sel
Sel
Poivre du moulin

Fricadelles de viandes

TEMPS DE PRÉPARATION
1 heure au réfrigérateur + 1 heure

INGRÉDIENTS POUR 4 PERSONNES

250 g de poitrine de porc hachée
250 g de tendron de veau haché
1 œuf
1 chou blanc
1 oignon haché
3 bâtonnets de cannelle
1 botte de ciboulette ciselée
4 cuillerées à soupe de farine
30 cl de lait
40 cl de crème fraîche liquide
50 g de beurre
2 cuillerées à soupe d'huile d'arachide
1 cuillerée à soupe de sucre semoule
Sel
Poivre du moulin

Dans un saladier, mélangez le porc, le veau, la farine, l'œuf, l'oignon, 1 pincée de sel et 1 tour de moulin à poivre. Incorporez le lait petit à petit. Mélangez, couvrez et laissez reposer 1 heure au réfrigérateur.

Pendant ce temps, lavez le chou, retirez les feuilles extérieures et émincez-le. Déposez-le dans une casserole et couvrez-le d'eau. Ajoutez la cannelle, 1 pincée de sel et 1 tour de moulin à poivre, puis laissez cuire 30 minutes à feu moyen.

Égouttez le chou, videz la casserole et remettez le chou dans celle-ci avec la crème liquide. Portez à ébullition et laissez cuire 10 minutes à feu doux.

Prélevez 1 cuillerée à soupe de la préparation du saladier et formez-en une quenelle. Renouvelez l'opération avec le reste de la préparation. Faites chauffer le beurre et l'huile dans une poêle et faites-y dorer les quenelles 5 minutes de chaque côté à feu vif.

Égouttez le chou, déposez-le dans un plat et saupoudrez-le de sucre et de 1 tour de moulin à poivre. Disposez les fricadelles autour, parsemez de ciboulette et servez aussitôt.

En été, ces fricadelles – frikadeller med stuvet hvidkål – se dégustent froides en salade.

Coq aux asperges

TEMPS DE PRÉPARATION
3 heures

INGRÉDIENTS POUR 4 PERSONNES

1 coq vidé
1 botte d'asperges blanches
1 poireau émincé
1 carotte coupée en quatre
2 jaunes d'œufs
1 oignon coupé en quatre
1 cuillerée à soupe de poivre noir en grains
3 clous de girofle
1 botte de persil plat
3 cuillerées à soupe de farine
1 cuillerée à soupe de crème fraîche épaisse
50 g de beurre
Sel

Déposez le coq dans une cocotte, couvrez-le d'eau et portez à ébullition. Ajoutez le poireau, la carotte, l'oignon, le poivre en grains et les clous de girofle, puis laissez cuire 2 heures à feu moyen. Égouttez le coq et passez le bouillon au chinois. Réservez le tout.

Faites cuire les asperges pelées 7 ou 8 minutes dans 1 litre d'eau bouillante salée. Sans jeter l'eau de cuisson, égouttez les asperges et rafraîchissez-les.

Préparez un roux : dans une casserole, faites chauffer le beurre, ajoutez la farine d'un seul coup et mélangez au fouet.

Dans une autre casserole, versez la moitié de l'eau de cuisson des asperges avec la moitié du bouillon. Portez à ébullition, ajoutez le roux, mélangez et retirez du feu. Dans un bol, fouettez les jaunes d'œufs et la crème fraîche. Ajoutez 2 cuillerées à soupe de préparation à base de roux et fouettez à nouveau. Versez ce mélange dans la casserole contenant le mélange à base de roux et fouettez.

Désossez le coq, déposez-le dans un plat creux, ajoutez les asperges et nappez de sauce. Parsemez de persil et servez.

Vous pouvez ajouter des pommes de terre à ce coq aux asperges – høns i asparges.

Poitrine de veau au raifort

TEMPS DE PRÉPARATION
24 heures de salage + 4 heures 30

INGRÉDIENTS POUR 4 PERSONNES

1,5 kg de poitrine de veau
1 cuillerée à soupe de raifort râpé
1 poireau coupé en morceaux
1 carotte coupée en morceaux
1 oignon coupé en morceaux
1 cuillerée à soupe de poivre en grains
2 clous de girofle
3 cuillerées à soupe de farine
Le jus de 1 citron
50 g de beurre
1 cuillerée à soupe de sucre semoule
Sel
Poivre du moulin

La veille, coupez la poitrine de veau en morceaux. Versez 1 litre d'eau dans un saladier et faites-y dissoudre 100 g de sel. Plongez-y les morceaux de poitrine et réservez 24 heures au réfrigérateur.

Le jour même, déposez la poitrine de veau égouttée dans une cocotte. Ajoutez le poireau, la carotte et l'oignon, le poivre en grains et les clous de girofle. Recouvrez d'eau, couvrez et laissez cuire 4 heures à feu moyen. Égouttez la viande et réservez-la. Passez le bouillon au chinois et reversez-le dans la cocotte.

Préparez un roux : dans une casserole, faites chauffer le beurre et ajoutez la farine d'un seul coup. Mélangez au fouet et incorporez ce roux au bouillon. Portez à ébullition et ajoutez la poitrine, le jus de citron, le raifort et le sucre. Laissez cuire 3 minutes à feu doux.

Répartissez les morceaux de poitrine dans les assiettes de service et nappez de sauce au raifort. Rectifiez l'assaisonnement et servez aussitôt.

Cette recette de poitrine de veau au raifort – sprængt kalvebryst med peberrod – doit son succès au contraste entre la force du raifort et la douceur du sucre.

Filets mignons aux champignons et à la courge

La veille, versez 1 litre d'eau dans un saladier. Ajoutez la courge, 100 g de sel et 20 cl de vinaigre, puis laissez mariner toute la nuit au réfrigérateur.

Le jour même, rincez la courge, égouttez-la et déposez-la dans un récipient creux. Portez à ébullition 10 cl d'eau, le reste de vinaigre, le sucre, la cannelle, la badiane et le clou de girofle. Versez ce sirop sur la courge et réservez.

Faites chauffer le beurre dans une cocotte et faites-y colorer les champignons 6 minutes à feu vif. Retirez-les de la cocotte.

Dans la cocotte, faites dorer les tranches de filets mignons 5 minutes de chaque côté à feu doux. Retirez-les de la cocotte et déposez-les dans un plat de service. Incorporez la crème liquide et les baies de genièvre dans la cocotte et laissez réduire 3 minutes à feu moyen. Ajoutez le jus de citron, 1 pincée de sel, 1 tour de moulin à poivre et les champignons, puis portez à ébullition. Versez cette crème sur les filets mignons et déposez la courge par-dessus. Décorez de persil et servez aussitôt.

Vous pouvez préparer cette recette de filets mignons – stegte svinemørbrad med flødestuvet svampe – au dernier moment.

TEMPS DE PRÉPARATION
1 nuit de marinade + 40 minutes

INGRÉDIENTS POUR 4 PERSONNES

- 2 filets mignons de porc de 400 g environ coupés en tranches
- 200 g de champignons de Paris émincés
- 1 kg de courge épluchée coupée en morceaux
- 1 cuillerée à café de baies de genièvre concassées
- 1 clou de girofle
- 2 étoiles de badiane (anis étoilé)
- 1 bâtonnet de cannelle
- 1/2 botte de persil plat
- Le jus de 1 citron
- 60 cl de vinaigre de xérès
- 30 cl de crème fraîche liquide
- 50 g de beurre
- 400 g de sucre semoule
- Sel
- Poivre du moulin

Foie de veau aux baies de genièvre

TEMPS DE PRÉPARATION
20 minutes

INGRÉDIENTS POUR 4 PERSONNES

600 g de foie de veau dénervé coupé en quatre
2 échalotes ciselées
2 cuillerées à soupe de baies de genièvre concassées
3 cuillerées à soupe de farine
10 cl de vin blanc sec
10 cl de vinaigre de xérès
40 cl de fond de veau
2 cuillerées à soupe d'huile d'arachide
50 g de beurre
Sel
Poivre du moulin

Farinez les morceaux de foie des deux côtés. Faites chauffer le beurre et l'huile dans une poêle et faites-y cuire le foie 4 minutes de chaque côté à feu vif. Réservez au chaud.

Dans une casserole, versez le vin blanc et le vinaigre, puis ajoutez les échalotes et les baies de genièvre. Laissez réduire 4 minutes à feu vif. Ajoutez le fond de veau, 1 pincée de sel et 1 tour de moulin à poivre, puis portez à ébullition. Passez cette sauce aux baies au chinois.

Déposez les tranches de foie de veau dans un plat de service et nappez-les de sauce aux baies. Rectifiez l'assaisonnement et servez aussitôt.

Le foie est une des grandes spécialités danoises, même s'il devient de plus en plus difficile de s'en procurer. Vous pouvez accompagner cette recette de foie de veau aux baies de genièvre – kalvelever med enebær – de pommes de terre à la crème (voir recette p. 30).

Joues de porc aux choux et au curry

La veille, versez 1 litre d'eau dans un saladier et faites-y dissoudre 70 g de sel. Plongez-y les joues de porc et réservez 24 heures au réfrigérateur.

Le jour même, égouttez les joues de porc. Faites chauffer le beurre dans une cocotte et faites-y colorer les joues 5 minutes de chaque côté à feu vif.

Lavez les choux, épluchez-les et coupez-les en deux. Ajoutez-les aux joues de porc avec le curry, le poivre en grains, les clous de girofle, les baies de genièvre et le laurier. Versez de l'eau aux trois quarts de la cocotte, couvrez, puis laissez cuire 1 heure à feu moyen.

Répartissez les joues de porc et les choux dans les assiettes de service, rectifiez l'assaisonnement et servez aussitôt.

Dégustez ces joues de porc aux choux de Bruxelles – sprængte svinekæber med rosenkål – avec une bière fraîche.

TEMPS DE PRÉPARATION
24 heures de salage + 1 heure 30

INGRÉDIENTS POUR 4 PERSONNES

600 g de joues de porc
600 g de choux de Bruxelles
1 cuillerée à café de curry en poudre
1 cuillerée à soupe de poivre en grains
3 clous de girofle
5 baies de genièvre
2 feuilles de laurier
50 g de beurre
Sel
Poivre du moulin

Magrets de canard aux cerises

La veille, versez 1 litre d'eau dans un saladier et faites-y dissoudre 100 g de sel. Plongez-y les magrets et réservez 24 heures au réfrigérateur.

Le jour même, déposez les magrets égouttés dans une cocotte avec le poireau, la carotte, l'oignon, le poivre en grains et les clous de girofle. Recouvrez d'eau, couvrez et laissez cuire 1 heure 30 à feu doux.

Dans une casserole, faites caraméliser le sucre. Ajoutez les jus d'orange et de citron et le vinaigre, puis laissez réduire 5 minutes à feu moyen. Ajoutez le fond de veau, portez à ébullition et passez au chinois. Reversez dans la casserole, ajoutez 1 pincée de sel, 1 tour de moulin à poivre, la liqueur de cerise et les cerises, puis laissez cuire 5 minutes à feu doux.

Égouttez les magrets et coupez-les en tranches. Répartissez-les dans les assiettes de service et nappez-les de sauce aux cerises. Rectifiez l'assaisonnement, décorez de persil et servez aussitôt.

En été, les Danois préparent des bocaux de cerises en prévision de cette recette de magrets de canard aux cerises – sprængt andebryst med kirsebær – que l'on sert à Noël.

TEMPS DE PRÉPARATION
24 heures de salage + 2 heures

INGRÉDIENTS POUR 4 PERSONNES

4 magrets de canard de 300 g chacun environ
500 g de cerises (type burlat) lavées, équeutées et dénoyautées
1 poireau coupé en morceaux
1 carotte coupée en morceaux
1 oignon coupé en morceaux
1 cuillerée à soupe de poivre en grains
3 clous de girofle
1 botte de persil plat
Le jus de 1 orange
Le jus de 1 citron
15 cl de vinaigre de xérès
40 cl de liqueur de cerise
40 cl de fond de veau
50 g de sucre semoule
Sel
Poivre du moulin

Jarrets au chou caramélisé

TEMPS DE PRÉPARATION
24 heures de salage + 2 heures 30

INGRÉDIENTS POUR 4 PERSONNES

4 jarrets d'agneau de 200 g chacun environ
1 chou blanc
1 cuillerée à soupe de poivre en grains
3 clous de girofle
2 feuilles de laurier
50 g de beurre
100 g de sucre semoule
Sel
Poivre du moulin

La veille, versez 1 litre d'eau dans un saladier et faites-y dissoudre 100 g de sel. Plongez-y les jarrets et réservez 24 heures au réfrigérateur.

Le jour même, lavez le chou, retirez les feuilles extérieures et coupez-le en quatre, puis en lanières épaisses. Faites chauffer le sucre dans une grande cocotte jusqu'à ce qu'il caramélise. Ajoutez le beurre et le chou, puis laissez cuire 10 minutes à feu vif en mélangeant.

Déposez les jarrets sur le chou, ajoutez le poivre en grains, les clous de girofle et le laurier. Versez de l'eau aux trois quarts de la cocotte, couvrez et laissez cuire 2 heures à feu moyen.

Égouttez le chou, répartissez-le dans les assiettes de service et déposez les jarrets par-dessus. Rectifiez l'assaisonnement et servez aussitôt.

Le jarret d'agneau au chou caramélisé – sprængt lammeskanke med brunkål – est un plat complet, familial et traditionnel, qui se déguste l'hiver. Accompagnez-le de pommes de terre à la vapeur.

Rôti de porc au chou rouge

Lavez le chou, retirez les feuilles extérieures et coupez-le en quatre. Supprimez le cœur blanc et émincez finement le chou. Faites chauffer 20 g de beurre dans une grande casserole et faites-y revenir le chou 2 minutes à feu vif. Ajoutez 1 litre d'eau, le vinaigre, le poivre en grains, les clous de girofle, la cannelle, la badiane, le sucre, 1 pincée de sel et 1 tour de moulin à poivre. Couvrez et laissez cuire 1 heure à feu doux.

Faites chauffer le reste de beurre et l'huile dans une cocotte. Ajoutez le rôti et faites-le dorer 4 minutes en le retournant.

Lavez l'orange et coupez-la en rondelles, épluchez l'oignon et coupez-le en morceaux. Incorporez-les dans la cocotte avec le laurier. Couvrez et laissez cuire 45 minutes à feu doux.

Rectifiez l'assaisonnement et servez aussitôt le rôti et, à part, le chou égoutté.

Le rôti de porc au chou rouge – svinekam med rødkål – est un plat d'automne facile à réaliser : il suffit de laisser mijoter... Accompagnez-le de pommes vapeur et de concombre aigre-doux (voir recette p. 31).

TEMPS DE PRÉPARATION
2 heures

**INGRÉDIENTS
POUR 4 PERSONNES**

1 rôti de porc de 800 g environ
1 chou rouge
1 orange (non traitée, si possible)
1 oignon
1 cuillerée à café de poivre en grains
2 clous de girofle
1 bâtonnet de cannelle
2 étoiles de badiane (anis étoilé)
1 feuille de laurier
20 cl de vinaigre de vin rouge
40 g de beurre
1 cuillerée à soupe d'huile d'arachide
200 g de sucre semoule
Sel
Poivre du moulin

Fricassée d'agneau aux crevettes

TEMPS DE PRÉPARATION
2 heures

INGRÉDIENTS POUR 4 PERSONNES

1,5 kg de poitrine ou de gigot d'agneau
200 g de crevettes roses décortiquées (type bouquet)
3 carottes coupées en morceaux
3 poireaux coupés en morceaux
1 oignon coupé en morceaux
1 botte d'aneth
3 cuillerées à soupe de farine
50 g de beurre
Sel
Poivre du moulin

Coupez l'agneau en cubes de 4 cm de côté environ. Déposez-les dans une cocotte, couvrez-les d'eau et portez à ébullition. Écumez et ajoutez 1 pincée de sel, 1 tour de moulin à poivre, les carottes, les poireaux et l'oignon. Couvrez et laissez cuire 1 heure 30 à feu moyen.

Retirez la viande à l'aide d'une écumoire, réservez-la et passez le bouillon au chinois. Reversez-le dans la cocotte.

Préparez un roux : dans une casserole, faites chauffer le beurre et ajoutez la farine d'un seul coup. Mélangez au fouet et incorporez ce roux au bouillon. Portez à ébullition et, hors du feu, ajoutez les morceaux d'agneau et les crevettes. Laissez cuire 5 minutes à feu doux.

Dressez l'agneau et les crevettes dans un plat de service. Recouvrez de sauce, décorez d'aneth et servez aussitôt.

Cette fricassée d'agneau aux crevettes – lammefrikassê med rejer og dild – est l'équivalent danois de la blanquette de veau. On la déguste au printemps.

Crème glacée à la pâte d'amande

TEMPS DE PRÉPARATION
20 minutes + 24 heures au congélateur

INGRÉDIENTS POUR 4 PERSONNES

200 g de pâte d'amande coupée en dés
4 jaunes d'œufs
1 gousse de vanille
50 cl de lait
125 g de sucre semoule

La veille, versez le lait dans une casserole. Grattez la gousse de vanille fendue au-dessus du lait afin d'y faire tomber les graines, ajoutez la gousse et portez à ébullition.

Déposez les jaunes d'œufs dans un saladier. Ajoutez le sucre et mélangez énergiquement jusqu'à ce que la préparation blanchisse. Incorporez le lait chaud petit à petit. Versez ce mélange dans une casserole et laissez cuire 3 minutes à feu doux sans cesser de mélanger. Laissez refroidir. Ajoutez les dés de pâte d'amande et mélangez délicatement.

Faites prendre cette crème dans une sorbetière ou, après l'avoir versée dans une terrine, au congélateur pendant 24 heures, en mélangeant souvent.

Au Danemark, la pâte d'amande est un des symboles de Noël. Vous pouvez ajouter des fruits confits à cette crème glacée à la pâte d'amande – is parfait med mazipan – et la servir nappée d'un coulis de fruits rouges.

Bavarois au citron

TEMPS DE PRÉPARATION
40 minutes + 20 minutes au réfrigérateur

INGRÉDIENTS POUR 4 PERSONNES

Le zeste et le jus de 3 citrons
4 œufs
4 feuilles de gélatine
10 cl de crème fraîche liquide
75 g de sucre semoule

Pour le décor :

100 g de groseilles
1/2 bouquet de menthe
10 cl de crème fraîche liquide

Déposez les jaunes d'œufs et le sucre semoule dans un saladier et fouettez jusqu'à ce que le mélange blanchisse.

Versez le jus des citrons dans une casserole, ajoutez les zestes et la gélatine préalablement ramollie dans un peu d'eau froide. Faites chauffer 2 minutes à feu doux. Versez cette préparation dans le saladier.

Montez les blancs en neige et incorporez-les délicatement au saladier. Fouettez la crème liquide jusqu'à l'obtention d'une consistance de chantilly et versez-la également dans le saladier. Mélangez délicatement cette préparation et répartissez-la dans des ramequins. Réservez-les 20 minutes au réfrigérateur.

Servez les bavarois démoulés recouverts de la crème liquide fouettée et décorés de feuilles de menthe et de groseilles.

Vous pouvez également réaliser ces bavarois – citron fromage – à l'orange ou les parfumer en y ajoutant 1 cuillerée à café de rhum ou de liqueur de cerise du Danemark.

Riz à l'amande et aux cerises

TEMPS DE PRÉPARATION
30 minutes

INGRÉDIENTS POUR 4 PERSONNES

125 g de riz rond (type arborio)
50 g d'amandes mondées grillées concassées
500 g de cerises (type burlat) lavées, équeutées et dénoyautées
1 gousse de vanille
1 bâtonnet de cannelle
1 cuillerée à soupe de fécule de pomme de terre
1 litre de lait
40 cl de crème fraîche liquide
1 cuillerée à soupe de sucre glace
250 g de sucre semoule
Sel

Versez le lait dans une casserole. Grattez la gousse de vanille fendue au-dessus du lait afin d'y faire tomber les graines, puis ajoutez la gousse, le riz, 50 g de sucre et 1 pincée de sel. Laissez cuire 20 minutes à feu doux en mélangeant régulièrement et laissez refroidir.

Dans un saladier, fouettez la crème liquide jusqu'à l'obtention d'une consistance de chantilly. Incorporez-y le riz au lait petit à petit et mélangez délicatement. Réservez au réfrigérateur.

Déposez les cerises dans une casserole, recouvrez-les d'eau et ajoutez la cannelle et le reste de sucre. Portez à ébullition et laissez cuire 5 minutes à feu vif. Faites dissoudre la fécule de pomme de terre dans 1 cuillerée à soupe d'eau. Versez-la dans la casserole et, hors du feu, mélangez cette sauce aux cerises.

Servez le riz au lait recouvert d'amandes et saupoudré de sucre glace, en présentant la sauce aux cerises à part.

Ce riz à l'amande – riz à l'amande med varm kirsebærsauce – est consommé le soir du 24 décembre. C'est la galette des Rois danoise, la fève étant remplacée par une amande entière. Celui qui la trouve gagne un petit cochon en pâte d'amande…

Pommes au four à la cannelle

TEMPS DE PRÉPARATION
40 minutes

INGRÉDIENTS POUR 4 PERSONNES

4 pommes (type golden)
2 cuillerées à café de cannelle en poudre
40 g de beurre ramolli
2 cuillerées à soupe de sucre semoule

Préchauffez le four à 180 °C (th. 6).

Lavez les pommes et, sans les couper, retirez leur cœur. Sans les peler, entaillez-les à plusieurs reprises.

Dans un saladier, mélangez le beurre, le sucre et la cannelle jusqu'à l'obtention d'une consistance homogène. Garnissez les pommes de cette préparation.

Versez 10 cl d'eau dans un plat à gratin et déposez-y les pommes garnies. Enfournez-le et laissez cuire les pommes 15 minutes.

Sortez le plat du four et récupérez le jus de cuisson. Versez-le dans une casserole et faites-le réduire 10 minutes à feu doux. Nappez les pommes de cette sauce et servez-les aussitôt.

Vous pouvez réaliser cette recette de pommes au four – bagte æbler – en ajoutant un petit cube de pâte d'amande au cœur de chaque pomme.

Cerises à la crème de cardamome

Dans un saladier, fouettez la crème liquide jusqu'à l'obtention d'une consistance de chantilly. Ajoutez 20 g de sucre et la cardamome et mélangez délicatement. Réservez au réfrigérateur.

Dans une casserole, versez la liqueur de cerise et 50 cl d'eau. Ajoutez les cerises, le reste de sucre et la cannelle. Portez à ébullition et laissez cuire pendant 5 minutes à feu vif.

Égouttez les cerises et faites réduire le jus de cuisson 10 minutes à feu vif. Il doit devenir sirupeux. Hors du feu, incorporez les cerises à ce sirop et mélangez.

Servez les cerises chaudes dans le sirop, accompagnées de crème à la cardamome.

Vous pouvez réaliser cette recette de cerises à la cardamome – Varme kirsebær med kardamomme – avec des abricots ou des pruneaux.

TEMPS DE PRÉPARATION
30 minutes

INGRÉDIENTS POUR 4 PERSONNES

800 g de cerises (type burlat) lavées, équeutées et dénoyautées
1 cuillerée à café de poudre de cardamome
1 bâtonnet de cannelle
20 cl de liqueur de cerise
25 cl de crème fraîche liquide
220 g de sucre semoule

Fraises au sorbet de poivre vert

La veille, versez 25 cl d'eau dans une casserole et ajoutez le sucre et le poivre. Portez à ébullition et laissez cuire pendant 2 minutes à feu vif. Mixez et laissez refroidir. Faites prendre dans une sorbetière ou, après avoir versé la préparation dans une terrine, au congélateur pendant 24 heures, en mélangeant souvent. Lavez et équeutez les fraises, puis coupez-les en deux. Déposez-les dans un saladier avec le miel et laissez-les mariner au réfrigérateur jusqu'à ce que le sorbet de poivre vert soit prêt.

Le jour même, servez les fraises dans leur marinade, surmontées de boules de sorbet de poivre vert et décorées de feuilles de menthe.

Au Danemark, on ne trouve des fraises que pendant 2 ou 3 semaines, mais elles sont d'une saveur incomparable. L'idéal est de les laisser mariner dans du miel de bruyère, qui se marie très bien avec le poivre. Vous pouvez réaliser cette recette de fraises au sorbet de poivre vert – marineret jordbær med madagascar sorbet – avec les fruits frais de votre choix.

TEMPS DE PRÉPARATION
10 minutes + 1 nuit au congélateur

INGRÉDIENTS POUR 4 PERSONNES

800 g de fraises (type gariguette)
1 cuillerée à soupe de poivre vert en grains
1/2 bouquet de menthe
100 g de miel
75 g de sucre semoule

Gâteau aux pommes de ma grand-mère

TEMPS DE PRÉPARATION
50 minutes

INGRÉDIENTS POUR 4 PERSONNES

1 kg de pommes (type reinette)
200 g de grosse chapelure croustillante
1 gousse de vanille
20 cl de crème fraîche liquide
75 g de beurre
1 cuillerée à soupe de sucre glace
200 g de sucre semoule

Dans un saladier, fouettez la crème liquide jusqu'à l'obtention d'une consistance de chantilly. Ajoutez 20 g de sucre semoule et mélangez. Réservez au réfrigérateur.

Épluchez les pommes, retirez le cœur et les pépins et coupez-les en morceaux. Grattez la gousse de vanille fendue au-dessus d'une casserole afin d'y faire tomber les graines, ajoutez la gousse, les morceaux de pommes, 80 g de sucre et 10 cl d'eau. Laissez cuire 30 minutes à feu doux et laissez refroidir. Retirez la gousse et réservez cette compote.

Dans un saladier, mélangez le reste de sucre semoule et la chapelure.

Faites chauffer le beurre dans une casserole, incorporez-y le mélange sucre-chapelure et laissez caraméliser sur feu doux en mélangeant jusqu'à ce que le sucre soit dissous.

Dans des moules individuels, déposez une couche de compote et une couche de chapelure. Renouvelez l'opération en terminant par une couche de compote et démoulez délicatement. Servez aussitôt, surmonté d'une quenelle de crème fouettée et parsemé de sucre glace.

Ce gâteau aux pommes – mormors æblekage – est le préféré des Danois.

Crumble à la rhubarbe

TEMPS DE PRÉPARATION
30 minutes

INGRÉDIENTS POUR 4 PERSONNES

600 g de rhubarbe (4 tiges environ)
1/2 cuillerée à café de cannelle en poudre
1 gousse de vanille
250 g de farine
120 g de beurre
250 g de sucre semoule
Sel

Préchauffez le four à 150 °C (th. 5).

Retirez les extrémités de la rhubarbe, effilez-la et coupez-la en tronçons de 5 cm de longueur environ.

Grattez la gousse de vanille fendue au-dessus d'un saladier afin d'y faire tomber les graines. Ajoutez la gousse, 200 g de sucre et la rhubarbe. Mélangez et déposez le tout dans un plat allant au four. Enfournez-le et laissez cuire 10 minutes. Sortez le plat du four sans éteindre celui-ci. Vous devez obtenir une compote avec des morceaux. Retirez la gousse et réservez à température ambiante.

Augmentez la température du four à 210 °C (th. 7).

Préparez la pâte à crumble : dans un saladier, mélangez du bout des doigts la farine, le beurre coupé en morceaux, la cannelle, le reste de sucre et 1 pincée de sel en réalisant de gros grumeaux de pâte. Répartissez-les sur la compote de rhubarbe et enfournez le plat. Laissez dorer le crumble 10 minutes et servez-le aussitôt.

Accompagnez ce crumble à la rhubarbe – crumble med rarbarber – de crème fouettée.

Poires caramélisées et glace cannelle

TEMPS DE PRÉPARATION
24 heures de congélation + 1 heure 15

INGRÉDIENTS POUR 4 PERSONNES

4 poires
4 jaunes d'œufs
2 bâtonnets de cannelle
1 cuillerée à café de cannelle en poudre
25 cl de lait
25 cl de crème fraîche liquide
130 g de sucre semoule

La veille, versez dans une casserole le lait, la crème liquide et 25 g de sucre. Ajoutez les bâtonnets de cannelle, portez à ébullition et laissez infuser hors du feu.

Dans un saladier, fouettez les jaunes d'œufs et 80 g de sucre. Incorporez le lait chaud, mélangez et reversez dans la casserole. Laissez cuire 3 minutes à feu doux en mélangeant, puis laissez refroidir. Passez cette crème au chinois et faites-la prendre dans une sorbetière ou, après l'avoir versée dans une terrine, au congélateur pendant 24 heures, en mélangeant souvent.

Le jour même, préchauffez votre four à 180 °C (th. 6).

Épluchez les poires, coupez-les en deux en lonqueur et retirez le cœur et les pépins. Déposez-les dans des moules individuels et saupoudrez-les de sucre et de cannelle. Versez 1/2 cuillerée à soupe d'eau autour des poires, couvrez-les de papier d'aluminium et enfournez les moules. Laissez cuire 50 minutes.

Servez les poires bien chaudes surmontées d'une boule de glace à la cannelle.

Vous pouvez réaliser cette recette de poires caramélisées – karameliseret pærer med kanel is – avec des pommes.

Compote de fruits rouges

TEMPS DE PRÉPARATION
10 minutes

INGRÉDIENTS POUR 4 PERSONNES

250 g de fraises
250 g de framboises
250 g de cassis
250 g de groseilles
1/2 bouquet de menthe
1 cuillerée à soupe de sucre glace
150 g de sucre semoule

Lavez les fruits et équeutez les fraises.
Versez 40 cl d'eau dans une casserole. Ajoutez 200 g de chacun des fruits rouges et le sucre semoule. Portez à ébullition et laissez cuire pendant 1 minute environ à feu doux.
Mixez, versez dans un saladier et laissez refroidir cette compote.
Ajoutez les fruits entiers et mélangez. Saupoudrez de sucre glace et servez décoré de feuilles de menthe.

Cette recette, au nom impossible à prononcer : rødgrød med fløde, est une véritable bombe de vitamines pour l'été.

Le pays de Peter

Voici une recette de base et quelques ingrédients et fêtes 100 % danois !

Harengs marinés

TEMPS DE PRÉPARATION
5 minutes + 17 jours de marinade

INGRÉDIENTS POUR 4 PERSONNES

8 harengs frais vidés de 400 g chacun environ
5 clous de girofle
5 baies de genièvre
1 branche de thym
1 feuilles de laurier
1 litre de vinaigre de vin blanc
400 g de sucre semoule
Sel

Coupez les têtes des harengs et déposez ceux-ci dans un récipient creux.

Mélangez 1 litre d'eau et le vinaigre et recouvrez les harengs de ce mélange. Enveloppez le récipient de film alimentaire et laissez les harengs mariner 3 jours au réfrigérateur.

Dans un saladier, mélangez le sucre, les clous de girofle, les baies de genièvre, le thym, le laurier et 200 g de sel.

Égouttez les harengs, rincez le récipient et remettez-y les harengs. Recouvrez-les du mélange du saladier. Enveloppez le récipient de film alimentaire et laissez les harengs mariner 14 jours au réfrigérateur.

Une base incontournable de la cuisine danoise ! Vous pouvez déguster ces harengs marinés tels quels avec de la crème fraîche épaisse, de l'aneth, des câpres et des oignons rouges émincés (voir photo de couverture) ou les utiliser comme base d'autres recettes (voir p. 11, 16 et 17).

Ingrédients et fêtes de mon pays

Le poisson

Le Danemark est entouré de la mer Baltique et de l'océan Atlantique. Il ne faut donc jamais plus de 30 minutes pour trouver un port sur sa route. On peut y déguster de délicieux poissons d'eau froide : harengs, cabillauds, carrelets, barbues, turbots...

Les pommes de terre

Les conditions climatiques en été (longues journées et nuits fraîches) et la nature du sol permettent de cultiver une grande quantité de pommes de terre. Toujours présentes dans un repas chaud, elles remplacent le pain.

L'akvavit

Cet alcool de pommes de terre, parfumé essentiellement au cumin, à la fleur de fenouil et à l'orange, est l'alcool national du Danemark. En France, vous pouvez vous en procurer dans les épiceries fines. Dans certaines familles, il est fabriqué de façon artisanale et parfumé de baies ramassées dans la nature. Comme la route des vins en France, il existe une route des akvavits au Danemark.

Les épices

Peuple de voyageurs, les Danois ont rapporté beaucoup d'épices d'Arabie ou d'Orient : cardamome, cannelle, anis étoilé, curry... Celles-ci sont toujours très utilisées dans la préparation des plats, de l'akvavit et du pain.

Le sucré-salé

Héritées des XVIe et XVIIe siècles, où les plats très épicés et souvent sucrés étaient très appréciés, ces saveurs associées à une touche d'acidité se retrouvent toujours dans la cuisine : concombres et betteraves aigres-doux, harengs marinés, confiture d'airelles pour accompagner les viandes...

Le cochon

Il y a plus de cochons que d'habitants au Danemark, qui en est un grand exportateur. Il est très présent sur les tables et ce, sous toutes ses formes : boudin à Noël, pâté, rôti, saucisson, bacon...

Les produits laitiers

Les Danois sont de très grands consommateurs de produits laitiers. On trouve ainsi toujours des fromages à pâte dure sur les tables et rares sont ceux qui ne boivent pas de lait à table. Les Danois déjeunent rarement (mais dînent vers 18 heures) ou se contentent de yaourts aux fruits avec des céréales.

Noël

Voici un repas typiquement servi à Noël :

Assiette nordique
(saumon fumé, harengs, crevettes)
Fricadelles, chou rouge et pommes caramélisées
Gâteau de foies de volaille
Boudin aux pommes
Riz à l'amande, sauce cerise

Le tout accompagné d'akvavit, de bière de Noël et de vin chaud...

La Saint-Martin

Le 10 novembre, tout le Danemark se retrouve autour du canard farci aux pruneaux et aux pommes accompagné de chou rouge et de pommes de terre. L'histoire raconte que lorsque saint martin fut nommé évêque, celui-ci, très timide, se cacha parmi des oies qui se mirent à cacarder et le firent repérer. À l'origine, on dégustait de l'oie en ce jour de fête ; aujourd'hui, on la remplace par du canard.

Remerciements

À Jean-Luc Petitrenaud, qui m'a fait confiance pour mon premier livre.
À toute l'équipe de Minerva, et à Aurélie en particulier.
À toute l'équipe de Georg Jensen.
À mes collaborateurs de La Petite Sirène de Copenhague.
Et enfin, et surtout, à ma femme, Florence.

Peter Thulstrup

Shopping

Tous nos remerciements aux fabricants, boutiques et show-rooms pour leur collaboration :

Georg Jensen pour Royal Copenhagen
51, rue de Rennes - 75006 Paris
Tél. : 01 45 44 49 49
Pages : 15, 23, 36-37

Georg Jensen
51, rue de Rennes - 75006 Paris
Tél. : 01 45 44 49 49
Pages : 9, 15, 23, 32, 41, 51, 66

La Boutique Scandinave
Tél. : 01 40 22 02 67
Pages : 12-13, 26-27, 32, 41, 57, 69, 75

CMO
5, rue de Chabanais - 75002 Paris
Tél. : 01 40 20 45 98
Pages : 15, 18, 46-47, 51, 60-61, 66

Guy Degrenne
Points de vente au : 02 31 66 44 00
Pages : 46-47, 51, 54-55, 66

Ikat
36, rue François-Miron
75004 Paris
Tél. : 01 48 04 53 34
Pages : 26-27, 29, 60-61, 72-73

Jars
Rapon - 26140 Anneyron
Tél. : 04 75 31 40 40
Pages : 12-13, 18

Jeannine Cros
11, rue d'Assas
75006 Paris
Tél. : 01 45 48 00 67
Pages : 23, 41, 72-73

Robert le Héros
13, rue de Saintonge
75003 Paris
Tél. : 01 44 59 33 22
www.robertleheros.com
Pages : 9, 36-37, 57, 63

Sentou Galerie
26, boulevard Raspail - 75007 Paris
Tél. : 01 44 49 00 05
29, rue François-Miron - 75004 Paris
Tél. : 01 44 78 80 11
Pages : 57, 60-61, 63, 69, 75

En couverture : Accessoires CMO et Georg Jensen pour Royal Copenhagen

Et tout particulièrement à la société Bragard
186-188, rue du Faubourg-Saint-Martin - 75010 Paris
Tél. : 01 42 09 78 09
Fax : 01 40 38 99 02

DANS LA MÊME COLLECTION :

Les Petits Bocaux de Ludovic Perraudin
Les Petites Boîtes de Stéphane Thoreton
Les Petits Bols de Jérôme Gangneux
Les Petites Cochonnailles de David Baroche
Les Petites Poêlées de Bruno Gensdarmes

Photogravure : Quadrilaser à Ormes
Achevé d'imprimer en février 2004
sur les presses de l'imprimerie Ercom à Vicenza
ISBN : 2-8307-0747-8
Dépôt légal : avril 2004
Imprimé en Italie